LE NOM DE MA COUVERTURE EST HLBIN HLOKS

La lune cachée par L'orque

MATTHEW MOORE

Le Nom de Ma Couverture EST Hlbin Hloks
Copyright © 2022 by Matthew Moore

All rights reserved. No part of this publication may be reproduced, distributed, or transmitted in any form or by any means, including photocopying, recording, or other electronic or mechanical methods, without the prior written permission of the author, except in the case of brief quotations embodied in critical reviews and certain other non-commercial uses permitted by copyright law.

Tellwell Talent
www.tellwell.ca

ISBN
978-0-2288-8084-4 (Hardcover)
978-0-2288-8083-7 (Paperback)

Avant-propos

Mon arrière-grand-mère, Ella Adams, née en 1893, a commencé à partager des histoires relatant son enfance et son sous-clan tribal - Wilp's Wisin X̱biltkw - dans les années 1966 et 1967. À l'époque, je ne réalisais pas qu'elle faisait plus que de raconter des histoires intéressantes. Pour ça, je lui suis éternellement reconnaissant!

J'ai décidé d'ajouter cette mise en contexte et un guide phonétique et un lexique en raison des multiples commentaires de mes amis et collègues qui ont acheté et lu 'Hlbin Hloks'. La remarque la plus fréquente était qu'il serait bien si je pouvais au moins prononcer les mots d'origine Nisga'a. Mon premier réflexe était de répondre que je n'ai pas écrit un livre qui porte sur la langue, mais après réflexion, j'ai décidé que l'ajout d'un guide phonétique et d'un lexique serait un complément utile au lecteur.

Vous vous demandez ce qu'est une fête de déplacement de la pierre? C'est tout simplement le dernier rite de passage pour une personne Nisga'a : lorsque nous mourrons les membres de notre famille paternelle exécutent nos derniers rites. Si nous avons un NOM, ils nomment ce nom à nouveau pour l'enlever et le retourner à la matriarche du sous-clan (Wilp) avant que nous soyons enterrés. Ces mêmes membres de famille fournissent le cercueil, et s'occupent de la famille immédiate du défunt jusqu'au jour des funérailles/enterrement. Par la suite, le Wilp (sous-clan) et la Ptdaak (tribu) du défunt sont les hôtes de la fête funéraire à laquelle les membres de la tribu contribuent en marchandises non périssables et en argent qu'ils amasseront dans un pot. Ces fonds seront utilisés pour rembourser les frais des membres de la famille paternelle et les X̱kyyhl (cadeaux, récompenses ou remerciements). Ensuite, généralement un an plus tard, la famille place un « marqueur » (totem ou pierre tombale) sur la tombe, et les Wilp et Ptdaak sont les hôtes d'une deuxième fête, souvent appelée la fête d'établissement ou la fête de déplacement de la pierre. C'est habituellement à cette fête que le paiement des dépenses laissées de côté à la fête funéraire est fait. Cette fête sera aussi l'occasion d'attribuer les NOMS ayant une signification. Elle signifie également que la famille a fait son deuil et qu'elle est maintenant prête à participer à nouveau aux activités de la communauté. En ce qui concerne mon grand-père Fred Brown, la fête de déplacement de la pierre a été reportée de plusieurs années parce que mon frère Steven et moi-même étions trop jeunes, et que nous n'étions pas encore assez bien établis pour assumer les coûts et la responsabilité d'une fête de déplacement de la pierre.

Je me suis mis à l'écriture à un stade avancé de ma vie en partie à cause d'une voix intérieure qui me disait « tu viens d'une tradition orale, tu ne peux pas t'exprimer à l'écrit, et en plus tu n'es pas un écrivain ». Avec les encouragements répétés de mon épouse Tiffany, et l'aide de mon amie Karen Hlady avec qui j'ai sondé le terrain avec mes histoires, j'ai commencé à écrire. J'ai d'ailleurs en ce moment trois manuscrits en cours de rédaction. L'écriture de ces histoires m'a fait réaliser que la documentation se rapportant à mon peuple (Nisga'a) était à peu près inexistante, mis à part l'étude de la langue et les ethnographies écrites par des étrangers.

En terminant, j'aimerais souligner l'écoute de Wilma Moore, Tiffany, Nasya et Mateo Moore et leurs encouragements à la réalisation de ce livre. Mes remerciements à Bill Moore - Sim'oogit Duuk' pour m'avoir permis d'utiliser les noms de son sous-clan, et à mon amie Irene Griffin pour la révision de tout ce qui se rapporte à langue Nisga'a. Clan

Matt Moore
23 janvier 2020

Traduit par Solange Gauthier
Révisé par Simon Corbeil

 C'est lors de la fête de déplacement de la pierre de mon grand-père Fred Brown – *Waahlin Wisin X̱biil̓tkw* – que l'on m'a donné le nom de Hlbin Hlok̲s. J'ai aussi choisi de donner le même nom à ma couverture, car elle représente deux orques qui cachent la lune, et la lune qui cache le soleil.
 Hlbin Hlok̲s est devenu l'expression *Nisg̲a'a* pour éclipse, mais l'origine du nom remonte à un événement quasi tragique qui s'est déroulé il y a de cela des milliers d'années.
 Mon arrière-grand-mère *(Agwii Nits'iits')*, Ella Adams – *Ẇ ii Ts'iksna' ak̲s* – m'a raconté cette histoire pour la première fois lorsque j'avais 12 ans.

Wisin X̱biɫtkw et son groupe de traite voyageaient vers le sud, de retour d'une visite fructueuse avec ses voisins du nord; les *Ẇ ii T'ax̱ Muxw* [1] *Tlingit.* Ils *s'étaient arrêtés dans une petite île, car sa soeur – Ẇ ii Daahl,* était sur le point d'accoucher. La mère de *Ẇ ii Daahl, Ax̱diiwilt'aa,* et deux de ses tantes *(Nixdaa)* ont insisté pour accoster sur l'île – elles avaient décidé qu'il était inapproprié que *Ẇ ii Daahl* accouche à bord d'un canoë.

La décision prise par *Axdiiwilt'aa* a placé *Wisin X̱bil̓tkw* dans une position précaire. Sa mère était la matriarche de sa maison; sa sœur *Ẇii Daahl,* qui était la plus âgée de ses sœurs, était la prochaine matriarche dans l'ordre de succession, mais parce qu'il était le *Sim'oogit* de la maison de *Wisin X̱bil̓tkw,* elles étaient sous sa responsabilité. Il était hors de question que d'autres membres du clan s'occupent d'elles. Il décida alors d'envoyer le groupe principal sous la direction de son plus jeune frère *K'ayim Hoon* – *[*il n'avait pas besoin de pêcher, le poisson venait à lui*].* Il n'était pas prudent de faire attendre tout le groupe, car ils pouvaient voir les nuages se former vers le nord. De plus, du côté ouest se trouvait l'endroit où habitaient les *Haidax*. Ils ne voulaient pas être pris à découvert sur cette île par ni l'un ni l'autre.

Wisin X̱bil̓tkw sélectionna 25 guerriers parmi ses plus forts et expérimentés à demeurer sur place et à attendre que *Ẇii Daahl* donne naissance à son bébé. Il plaça ses hommes sur le côté est de l'île, prêts à partir rapidement avec le canoë amarré à quelques pieds de la rive. Ils répartirent la cargaison lourde parmi les 29 autres canoës, dans l'espoir qu'une charge plus légère leur permettrait de les rejoindre plus tard en après-midi. *Wisin X̱bil̓tkw* demanda aussi à deux de ses hommes d'installer une cache d'observation *(an- laax̱ ga'askw)* sur le côté ouest de l'île.

Au centre de l'île, *K' amuẃ in,* le mari de *Ẇ ii Daahl,* construisit un abri temporaire avec l'aide de trois de ses cousins. Aussitôt l'abri terminé, *Ax̱ dii wil T'aa* indiqua à ses cousins de commencer à ajouter de l'écorce de saule à l'eau bouillante dans la petite boîte en cèdre et d'y ajouter son mélange d'herbes secret. Pendant que l'une des tantes veillait sur la boîte contenant le liquide bouillant, dont elle retirait les pierres froides pour y transférer les pierres brûlantes du feu, sa sœur rejoignit *Ax̱diiwilt'aa* dans l'abri. Avec *Ẇ ii Daahl* en position inclinée sur le matelas rembourré de duvet, l'autre tante, une sage-femme d'expérience, vérifia si le bébé se présentait bien pour la mise au monde. Elle expliqua à *Ẇ ii Daahl* que le sérum d'aide à l'accouchement était presque prêt, et qu'une fois qu'elle en aura bu, celui-ci éliminera la douleur et l'aidera à relaxer ses muscles.

Ils étaient arrivés à l'île au milieu de la matinée, et la position du soleil indiquait maintenant que c'était la mi-journée. *Wisin X̱bil̓ tkw* désigna deux hommes pour remplacer les deux gardes. Il leur demanda s'ils avaient vu ou remarqué quelque chose. L'un des deux gardes pointa vers une île à environ 25 km au sud-ouest de leur position en lui disant « *amgoodiẏ ni ga'ahl miyeen ahl Likst'aa tgus* »; *Wisin X̱bil̓ tkw* leur répondit « *si vous avez vu de la fumée à cet endroit, alors il est possible qu'ils aient repéré notre fumée lorsque nous avons allumé le feu pour préparer le remède.* » Il alerta les deux gardes de relève –« ne perdez pas de vue cette île, ça ne prendrait pas beaucoup de temps à un groupe de guerriers de se rendre jusqu'ici s'ils ont aperçu notre fumée."

Au moment de son retour au centre de l'île, sa mère l'accueillit en lui disant; « *hlaa sgathl hlgu Wisin X̱bil̓ tkw,* - le petit Wisin X̱bil̓ tkw est né ». D'après leur système matrilinéaire, son « héritier » est le fils aîné de sa sœur aînée. Il demanda comment se portait sa sœur, et quand elle serait prête à partir. Sa mère lui répondit que *Ẇ ii Daahl* et son fils se portaient bien, mais il serait préférable de laisser sa sœur se reposer jusqu'à ce que le soleil descende à l'horizon. *Wisin X̱bil̓ tkw* s'excusa auprès de sa mère, « *nidii aamhl gus nox̱* – ce n'est pas bon, mère, *sgihl dim t'il̇thl wilim̊*- il vaudrait mieux partir rapidement ». Il lui expliqua que sur une île avoisinante, les *Haidax̱* ont possiblement aperçu la fumée du feu qu'ils ont allumé. Il pointa aussi du doigt les nuages vers le nord « s'ils partent maintenant, ils ont des chances de rattraper le groupe principal de traite tout juste après la tombée de la nuit et de trouver un abri sécuritaire avant que la tempête ne frappe. *Ax̱diiwilt'aa* était visiblement contrariée, elle avait besoin de laisser du temps au remède de faire effet afin que sa fille soit hors de danger. C'est à contrecœur qu'elle accepta de préparer *Ẇ ii Daahl* pour le départ, en indiquant à *ḵaa Mu'un* comment elle désirait que le lit soit placé dans le canoë.

K' amuẃ in discuta des plans avec *Wisin X̱bil̓ tkw* afin que l'emplacement du lit dans le canoë ne gêne pas les mouvements de l'équipage. Ils convinrent de placer le lit dans le milieu du canoë de façon à laisser le passage libre pour circuler de chaque côté du lit. À l'aide de trois boîtes d'entreposage rectangulaires *(gal'inḵ)* attachées côte à côte au centre du canoë, ils réussirent à fabriquer une plate-forme mesurant approximativement 0,75 m de large par 1,8 m de long.

Ax̱diiwit'aa était soulagée; le dernier remède administré à *Ẇ ii Daahl* semblait fonctionner.

K' amuẃ in demanda à ses trois cousins de démanteler l'abri, c'était ainsi plus facile que d'essayer de transporter *Ẇ ii Daahl* à travers une porte basse et étroite. Deux cousins de *Ẇ ii Daahl* les rejoignirent, un homme se plaça de chaque côté de sa tête, un de chaque côté de ses hanches et un autre de chaque côté de ses pieds. Ils soulevèrent le matelas de duvet sur lequel elle était étendue et ils la transportèrent jusqu'au canoë. Six autres hommes attendaient à l'intérieur du canoë où était placé un homme de chaque côté du canoë afin de le stabiliser. Au moment où les hommes à bord du canoë s'occupèrent de recevoir sa femme, *K' amuẃ in* pu finalement prendre son fils dans ses bras, il lui sourit et chuchota « *hlgu ansiip'insgwiẏ* - l'enfant que j'aime, l'enfant pour qui je souffrirais le martyre ».

Une fois que *Ẃii Daahl* fut bien installée, les hommes commencèrent à se poster à leur station respective. Les trois premiers se placèrent à l'avant du canoë afin de contrôler le mât, un poteau haut de trois mètres et d'environ dix centimètres de diamètre que l'on pourrait planter dans un trou du côté gauche ou du côté droit du canoë et où était attachée une voile en cuir de forme triangulaire faite de grandes pièces de peau d'otarie ou de peau d'ours cousues ensemble.

Ensuite, les autres pagayeurs prirent place de chaque côté du canoë en alternance afin que chacun soit libre de manier les pagaies de haute mer de près de deux mètres de long. Les tantes de *Ẃii Daahl* s'agenouillèrent à ses côtés, et sa mère se plaça derrière elle de façon à ce que toutes puissent voir où elles se dirigeaient.

Wisin X̱biĺtkw était debout à l'arrière du canoë avec le barreur afin de lui indiquer quand tourner. Au fur et à mesure qu'ils s'éloignaient de l'île, *Wisin X̱biĺtkw* lui indiquait de se diriger vers le sud-est, en direction de la terre ferme, car plus ils s'éloigneraient des *Haidax*, meilleures seraient leurs chances d'être en sécurité. Quand les hommes commencèrent à pagayer, ceux qui se trouvaient à l'avant déployèrent la voile triangulaire. Lorsqu'ils atteignirent une vitesse que *Wisin X̱biĺtkw* jugea satisfaisante, ce dernier décida quels groupes pouvaient se reposer. L'un des pagayeurs au repos à proximité de *Wisin X̱biĺtkw* était par hasard l'un des derniers observateurs. Il mentionna alors à *Wisin X̱biĺtkw* que la seule chose intéressante qu'il ait vue était un banc d'orques qui se dirigeait vers le sud.

L'équipe maintenait une bonne vitesse poussée par une brise soufflant vers le sud-est, pas assez forte pour créer de grosses vagues, mais juste assez pour alléger la tâche des pagayeurs. Ils seraient bientôt à quatre ou cinq kilomètres de la côte. L'inquiétude gagna *Wisin X̱biĺtkwa*, le soleil s'approchait de l'horizon, et même s'ils avaient parcouru environ 32 kilomètres, ils en avaient encore pour 80 autres à faire. Il serait difficile de se rendre à destination par une soirée calme et sans nuages, mais tout portait à croire que la navigation se ferait dans la noirceur sous un ciel nuageux. Il indiqua aux hommes situés à l'avant du canoë de porter attention au vent, car s'il commençait à souffler plus fort, ils devraient descendre la voile pour éviter de chavirer.

Alors que la nuit descendit sur eux et que les nuages les avaient aussi rattrapés, ils durent baisser la voile. Aucun d'entre eux ne pouvait se reposer, car tous devaient pagayer. Les vagues atteignaient maintenant de 1,2 à 1,5 m de hauteur, la pluie commençait à tomber, il serait dorénavant difficile de maintenir le cap. Les éclairs se mirent de la partie, accompagnés de coups de tonnerre, qui n'avaient que comme seul avantage de voir les contours de la côte. Les vagues commencèrent à déferler au-dessus de la proue, ce qui les ralentit davantage, car plusieurs hommes durent s'affairer à vider l'eau du canoë. Au coucher du soleil, *Ẇii Daahl* s'assit, ce qui libéra deux des *gal'ink*. *K'aa Mu'un* tenta de convaincre *Ẇii Daahl* de s'étendre à nouveau, mais elle refusa déclarant avec fierté qu'il était normal pour les femmes Nisg̱a'a de donner naissance le matin et d'être sur pied pour préparer le repas du soir. Dans les deux *gal'ink* se trouvaient les vêtements de pluie, soit des ponchos à capuchon confectionnés avec des intestins d'otarie tannés. Les intestins d'otaries sont coupés en longueur de 2 m avec un nœud à l'une des extrémités, et ensuite gonflés comme des ballons. Une fois secs et fumés, ils sont coupés dans le sens de la longueur afin d'en faire des panneaux de 2 m sur 60 cm qui seront par la suite cousus ensemble et assemblés en ponchos à capuchon[2]. Même avec les vêtements de pluie, *Wisin Xbiltkw* était toujours inquiet, ils se battaient contre la tempête depuis près de trois heures. Il évalua qu'ils avaient encore quelque 32 km à parcourir, le vent s'était tellement intensifié que les vagues déferlaient au-dessus de la proue et de la poupe. Parce que ses hommes étaient au bord de l'exténuation, ils avaient du mal à contenir l'eau du canoë. Il pouvait entendre les femmes prier « *k'amligiihahlhaahl, hlimoomiṁ... K'amligiihahlhaahl!!!* » Seigneur, aidez-nous. SEIGNEUR, aidez-nous..!

Tout à coup, ils entendirent des sons étranges. Whoosh, oohooew. Ses hommes croyaient qu'ils s'approchaient peut-être d'un récif ou de rochers. Les sons mystérieux persistèrent pendant quelques kilomètres, puis il y eut des éclairs et quelque chose d'énorme émergea de l'eau à leur côté. Au début, ses hommes criaient qu'ils allaient heurter un arbre qui avait des branches déployées. Un autre éclair transperça le ciel… *Ẇii Hlbin!* Une grosse baleine! L'un des hommes qui étaient à l'avant se mit à crier à la recherche d'un harpon ou d'un dard, mais *Wisin Xbiltkw* s'interposa en disant *Gilo*- Ne fais pas ça.

"Nous ne ferons pas de mal à cette baleine! Si nous la blessons, elle peut nous anéantir! Il ne faut pas paniquer, et essayer de ne pas la frapper avec nos pagaies, peut-être continuera-t-elle simplement sa route » Un autre éclair éclata… « *O la* – Oh non! » Il y avait une autre nageoire de baleine de l'autre côté du canoë. « Ne paniquez pas! » *Wisin Xbiltkw* était lui-même sur le point de paniquer, mais il se dit qu'ils avaient assez de problèmes sans en rajouter avec une bataille avec des orques. Ses hommes criaient de part et d'autre, certains alléguaient qu'ils avaient assez de harpons pour tuer les deux baleines. « *Gilo, nidii dim dasdiit' ṅuuṁ* - Ne faites pas ça, elles ne nous feront pas de mal » - *Axdiiwilt'aa* cria, les hommes se calmèrent. Ils étaient toujours aussi nerveux, mais assez disciplinés pour contenir leur panique. Tout à coup, une chose très étrange se produisit… au lieu de poursuivre leur route, les deux orques se rapprochèrent, resserrant le canoë entre elles. « Ne paniquez pas »- *Wisin Xbiltkw* parlait fort, mais pas sur un ton de panique comme auparavant : « Le canoë est assez solide, il ne peut se fracasser, laissons voir ce qu'elles vont faire ». Les orques se rapprochèrent tellement que le canoë s'éleva à une hauteur où les vagues ne déferlaient plus au-dessus de la proue.

Maintenant, un autre problème... les hommes ne pouvaient pagayer sans frapper le dos des baleines. « *Amg̱oodiit Hlbinhl Ṁaal* – elles croient que le canoë est une orque » disait *Ax̱diiwilt'aa*. Un des hommes à la proue lui répondit « *nii, luu ga'ahl Ts'aḷt, wilaayat nidii Hlbin ṅuuṁ* » - non, je la regarde droit dans les yeux, et elle sait que nous ne sommes pas un orque."

"*Simgit Wansiṁ, Dim ga'aṁ dim wildiit*... Ne faisons rien et accrochons-nous, nous verrons bien ce qu'elles vont faire » hurlait *Wisin X̱biḷtkw*. Ils se reposèrent donc pendant deux heures alors que leur canoë se déplaçait à même le dos de deux énormes orques. L'un des hommes qui étaient au milieu du canoë dit « *Yugam'ahl Dawiṁ* - peut-être que nous sommes morts », l'un de ses cousins qui étaient assis derrière lui le frappa fort sur la joue « Clac!!! » Ouch, ça fait mal… ça ne va pas? » lui répondit son cousin. « *Jidaa nuẇ in .. Nidii dim aat'ixhl wil siipkwt* – si tu étais mort, tu ne ressentirais pas la douleur". Envahis par la peur, les hommes ne purent s'empêcher de rire.

Ils avançaient plus rapidement que s'ils avaient pagayé. Après avoir voyagé durant une heure trente, la tempête était derrière eux. Ils pouvaient voir des éclaircies dans les nuages. La mer commençait à se calmer, quelques hommes plus *jeunes* touchaient doucement le côté des baleines, et ça ne semblait pas leur déplaire. *Wisin X̱biḷtkw* leur demanda de vider l'eau du canoë et de s'apprêter à pagayer à nouveau. Il avait raison, car peu de temps après que le calme fut revenu, les baleines commencèrent à se distancer et à les descendre doucement sur l'eau. Au départ des baleines, *Wisin X̱biḷtkw* pouvait voir une éclaircie dans les nuages, les contours de l'île qui leur indiquait qu'ils étaient près de la maison, de leur territoire. Il demanda à tous les hommes de commencer à pagayer; ils devraient arriver bientôt, mais avant, ils devaient trouver l'entrée de la lagune, l'endroit où ils doivent rejoindre l'équipe principale de traite.

L'entrée de la lagune se trouvait dans la partie nord-ouest de l'île. À son approche, les hommes commencèrent à crier l'appel traditionnel *Ho, Ho, Ha Way!* Après quelques minutes, ce crie obtint une faible réponse : *ho, ho, ha way*...ils étaient arrivés. Étant à la fois soulagées et excitées, les femmes commencèrent à parler toutes en même temps, se demandant si l'on croirait un jour leur histoire.

Lorsqu'ils entrèrent dans la lagune, *Wisin X̱bil̓tkw* pouvait voir de très gros feux à sa droite sur la plage, les canoës tous alignés, les gens qui criaient de joie pour les accueillir. Quand ils arrivèrent sur la plage, deux des plus jeunes hommes sautèrent hors du canoë avec de l'eau juste en dessous de la taille. Ils devaient s'assurer qu'il n'y avait pas de roches dans le fond de l'eau et qu'ils arriveraient dans un endroit sablonneux. *Wisin X̱bil̓tkw* indiqua que les femmes et le nouveau-né descendent du canoë en premier. Il y avait quelques femmes sur la plage qui posaient des questions toutes en même temps : « est-ce que la mère et le bébé se portent bien? Est-ce un garçon ou une fille? Nous sommes tellement heureuses que vous soyez de retour sain et sauf.

Après qu'ils eurent posé le pied sur la terre ferme et revêtu des vêtements chauds et secs, ils se réunirent autour des différents feux. C'était plutôt bruyant, car les gens demandaient comment s'était déroulé le voyage, et tous, hommes et femmes, parlaient en même temps pour décrire les événements étranges qu'ils avaient vécus. *Wisin X̱bil̓tkw* accueillit *Kaẏim Hoon* en buvant un bol de soupe bouillante, et regardant vers le ciel, il s'aperçut que les nuages avaient disparu et qu'ils laissaient la place à une grosse pleine lune; « *Sim nindii di'ak̲whl dim amaa mahliy wilaa wilhl ax̲kw t'guni* – je crois que je ne pourrai jamais expliquer parfaitement ce qui nous est arrivé ce soir-là ». Tout à coup, un bruit résonna dans le silence de la nuit « *Whoosh, oohooew, Whoosh, oohooew, Whoosh, oohooew* » Alors quelqu'un se mit à crier « Allez chercher les harpons », mais *Wisin X̱bil̓tkw* s'avança vers eux : « *nii, Haẇ it* – non, arrêtez ». Dans la lagune, ils pouvaient voir le reflet de la lune sur l'eau et soudain, l'image se déforma lorsque des orques émergèrent à la surface. La plus grosse obstrua complètement l'image de la lune. *"Hlbina Hlok̲s" "Hlbina Hlok̲sa Aax̲kw"*. Le cri fut repris par plusieurs personnes « *Hlbin Hlok̲s – Les baleines bloquent le soleil de nuit."*

Wisin X̲bilʼtkw s'adressa à tous : *N'ihl dip gun an hlimoomim̓* – ce sont ces baleines qui nous ont aidés ». Il voulait, dit-il, se souvenir de cet événement, et pour cette raison, le nouveau-né se nommera *Hlbin Hlok̲s*. Il invita *K̲' amuẃin* à choisir deux membres de sa famille pour faire l'annonce de ce nom. Il invita son frère et la fille de sa sœur à s'avancer pour annoncer le nom. Comme le veut la coutume, ce sont des membres de la famille du père de l'enfant qui ont le devoir d'annoncer le nom l'enfant. Tout d'abord, l'oncle du bébé le souleva dans les airs et dit très fort « *Dim amaa yee's Hlbin Hlok̲s! Dim amaa yee's Hlbin Hlok̲s!* », et après ce fut au tour de la cousine du nouveau-né de le soulever dans les airs et de crier *« Dim amaa yee's Hlbin Hlok̲s! Dim amaa yee's Hlbin Hlok̲s!"*

Comme la cérémonie en l'honneur de mon grand-père Fred Brown tirait à sa fin, *Sim'oogit Wisin Xbiḷtkw* me plaça devant les invités rassemblés pour l'occasion et demanda aux chefs *(Simgigat)* de s'avancer pour bénir ma couverture avant que l'on me donne mon nom.

Le groupe de chefs me demanda quel nom je donnerais à ma couverture, je répondis que ce serait *Hlbin Hloḵs* parce qu'on y voit la lune qui cache le soleil, et deux orques qui cachent la lune. Ce fut alors le nom qu'on me donna lors de cette soirée. Le nom de mon père était Arthur Moore - *Ḵ'amuẇ in,* ce fut donc son frère William Moore, *Sim'oogit Duuḵ'* – Chef de la Maison de Duuḵ' qui plaça sa main sur ma couverture et s'écria *"Dim amaa yees Hlbin Hloḵs! Dim amaa yees Hlbin Hloḵs!* Par la suite, Lilly Stevens– *Luu dim Nak Nakhl;* la soeur de mon père s'est avancée, plaça sa main sur ma couverture et s'écria « *Dim amaa yees Hlbin Hloḵs! Dim amaa yees Hlbin Hloḵs!* » Ensuite, ce fut le temps pour moi de recevoir le nom, je me suis couvert les épaules de la couverture, la boutonna à mon cou – et ensuite *Wisin Xbiḷtkw* demanda à mes Wilkslaks (la tribu dont je fais partie, c'est-à-dire la tribu de mon père) de s'avancer. Le frère de *Ḵ' amuẇ in, Duuḵ',* plaça sa main sur mon épaule et s'écria « *Dim amaa yees Hlbin Hloḵs! Dim amaa yees Hlbin Hloḵs!* ». Ensuite, la soeur de mon père s'avança, mit sa main sur mon épaule et s'écria « *Dim amaa yees Hlbin Hloḵs! Dim amaa yees Hlbin Hloḵs!* » Le nom *Hlbin Hloḵs* se fera entendre haut et fort. Le nom *Hlbin Hloḵs* sera porté avec respect et honneur."

Le nom de ma couverture est HLBIN HLOḴS.

Notes de bas de page:

Wii T'aax̱ Muxw [1] Expression Nisga'a qui signifie 'Grandes oreilles' qui est généralement utilisée pour les enfants désobéissants. J'ai aussi lu le livre « Alaska » de James A. Michener dans lequel il présente un chef Tlingit qu'il nomme « Grandes oreilles ». Je n'ai pu m'empêcher d'ajouter une petite dose d'humour.

Ponchos à capuchon [2] Le port de vêtements de pluie a été emprunté au livre « Alaska » James A Michener – Le peuple Nisga'a a déjà fabriqué des objets flottants à partir d'intestins d'animaux, et comme ils étaient un peuple qui faisait la traite, ils auraient probablement négocié l'acquisition de tels objets s'ils ne les avaient pas fabriqués eux-mêmes.

A Special Thank you to Solange Gauthier for Translating the manuscript from English to French and Thank you to my friend Karen Hlady for translating the Glossary.

Lexique et Guide phonétique Nisga'a pour HLBIN HLOKS

A x dii	Ne veut pas, ne voudra pas, ne voudrait pas, en d'autres mots : entêté
Aaxkwt	Cette nuit-ci - Aaxkw = nuit
An Laax ga'askw	Un poste d'observation
Axdiiwilt'aa	Refuse de s'asseoir, ne veut pas s'asseoir, ne pouvait pas s'asseoir (ma mère)
Daahl	Princesse
Git wan sim'	Bien se tenir
Gya'askw	Gya' = regarder. Regarder, regarder attentivement
Gyaa	Voir–luu gyaa iihl = j'ai regardé dans… pour faire quelque chose
H'oon	Poisson
Haidax	Expression Nisga'a pour « peuple Haida »
HL	Placez votre langue comme si vous disiez « L » et expirez l'air par les joues.
HL (bin)	Baleine (orque)
HL (loks)	Soleil, ou Hloksa Axkw – Soleil de nuit (lune)
hlgu Aan sii p'ens gwii	hlgu + petit ou infime
gwii	Sii p' ku = faire mal
	Gwii = possessif - le mien
	« L'enfant pour qui je souffrirais le martyre » = qui exprime de la tendresse en Nisga'a
Hloks	Hl = placez la langue sous les dents en avant, ensuite soufflez l'air sur les côtés de votre bouche
Hloksa Aaxkw	Lune ou soleil de nuit
K' amuẇin	K' = claquement de la langue au fond de la gorge + ka
K'ayim	K' = claquement de la langue dans le fond supérieur de la gorge – signifie continuer, juste être (exister), continuer à venir
K'ayim H'oon	À la pêche terminale – le poisson arrive parce que c'est ce qu'il est censé faire
Laaxga'askw	Regarder dans les deux directions
M'aal	Canoë
Muxw	Oreilles
N'uu iim	Nous sommes morts - N'uu = mort
N'uum'	N'ee' = moi - n'een = toi n'uum' = nous
Nee	Non
Ni x daa	Essayez de dire « hiiix » la bouche ouverte
	Ni hiiix (bouche ouverte) daa
Nidi	N'est pas – nee= non
Nisga'a	Un mot qui signifie soleil
Nixdaa	Tante, tantes
T'aa	S'asseoir
T'aax	Proéminent comme des oreilles d'éléphant
	Mettez l'emphase sur le « T » comme dans « Tet » + aa +x= dégager du maïs soufflé du fond de la gorge.
T'guni	Celui-ci - T'gun = Ta goon = ceci
T'saal	Son œil – T'saal = oeil
Waahlin	Ancien, vieux, prédécesseur

Waa ḵL in	
Wan	Asseoir
Wii	Grand en importance
Wii Daa ḵL	Grande princesse, princesse de haut rang
Wil	Faire
Wilaax	Savoir – wiliiyat = il (ceci) sait
Wisin	C'est une partie du nom « Wisin Xbiłtkw », mais à l'origine aurait pu être « Kwasin » qui signifie briser. Mon arrière-grand-mère Ella Adams m'a raconté que « Wisin Xbiłtkw » brisait symboliquement son cuivre en 10 morceaux et en donnait un à chacun des 10 chefs de sa Maison.
X	Faites comme si vous aviez du maïs soufflé pris dans le fond de la gorge et
X (bil')	que vous essayez de le dégager
Xbil	Le chiffre 10 en langue Nisga'a
Yuga m'ahl	Yuga ma = peut-être, peut-être que